Vehículos al rescate
Los helicópteros

por Bizzy Harris

Bullfrog
en español

Ideas para padres y maestros

Bullfrog Books permite a los niños practicar la lectura de textos informativos desde el nivel principiante. Las repeticiones, palabras conocidas y descripciones en las imágenes ayudan a los lectores principiantes.

Antes de leer
- Hablen acerca de las fotografías. ¿Qué representan para ellos?
- Consulten juntos el glosario de las fotografías. Lean las palabras y hablen de ellas.

Durante la lectura
- Hojeen el libro y observen las fotografías. Deje que el niño haga preguntas. Muestre las descripciones en las imágenes.
- Léale el libro al niño o deje que él o ella lo lea independientemente.

Después de leer
- Anime al niño para que piense más. Pregúntele: ¿Has escuchado hablar acerca de un helicóptero o has visto uno? ¿Te gustaría ver alguno?

Bullfrog Books are published by Jump!
5357 Penn Avenue South
Minneapolis, MN 55419
www.jumplibrary.com

Library of Congress Cataloging-in-Publication Data

Names: Harris, Bizzy, author.
Title: Los helicópteros / Bizzy Harris.
Other titles: Helicopters. Spanish
Description: Minneapolis: Jump!, Inc., [2022]
Series: Vehículos al rescate | Translation of: Helicopters.
Audience: Ages 5–8 | Audience: Grades K–1
Identifiers: LCCN 2020055090 (print)
LCCN 2020055091 (ebook)
ISBN 9781636901893 (hardcover)
ISBN 9781636901909 (paperback)
ISBN 9781636901916 (ebook)
Subjects: LCSH: Helicopters—Juvenile literature.
Helicopters in search and rescue operations—Juvenile literature.
Classification: LCC TL716.2 .H36718 2022 (print)
LCC TL716.2 (ebook) | DDC 629.133/352—dc23

Editor: Jenna Gleisner
Designer: Molly Ballanger
Translator: Annette Granat

Photo Credits: Iakov Filimonov/Shutterstock, cover; 1001Love/iStock, 1; suriyasilsaksom/iStock, 3; ABBYDOG/Shutterstock, 4; Balefire9/Dreamstime, 5 (background); Krakenimages.com/Shutterstock, 5 (foreground); Darren Baker/Dreamstime, 6–7, 23br; rbkomar/Shutterstock, 8; Artistic Ahry/Shutterstock, 9; millsrymer/iStock, 10–11; U.S. Coast Guard, 12–13, 14–15, 18–19, 23tl, 23bl, 23bm; VCNW/Getty, 16–17, 23tm; gubernat/Shutterstock, 19, 23tr; Drew Horne/Shutterstock, 20–21; Supertrooper/Shutterstock, 22; Brian Finestone/Shutterstock, 24.

Printed in the United States of America at Corporate Graphics in North Mankato, Minnesota.

Tabla de contenido

Vuelan alto

Los helicópteros vuelan.

Son ruidosos.

Vuelan alto.

Vuelan bajo.

¡Vuelan hasta
de lado a lado!

Vuelan sobre el agua.

Vuelan sobre los picos de las montañas.

¡Qué genial!

pico de montaña

Este apaga incendios.
¿Cómo?
Les tira agua.

agua

Esta tripulación tiene prisa.

¿Por qué?

¡Una persona
necesita ayuda!

Una piloto pilotea.
Ella se sienta dentro
de la cabina.

piloto

cabina

paleta
del rotor

El helicóptero despega.

Las paletas del rotor giran.

La cola del helicóptero también tiene paletas en el rotor antipar.

Estas ayudan a virar el helicóptero.

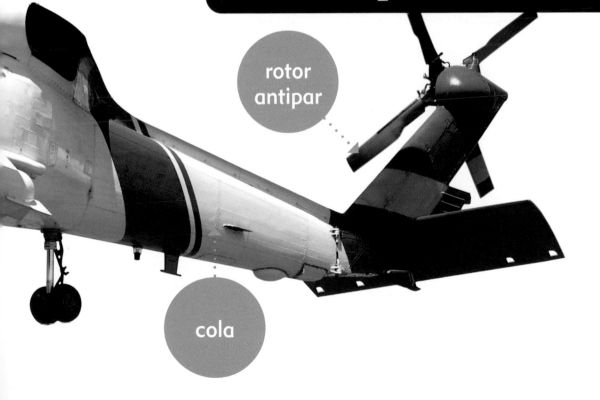

rotor antipar

cola

El helicóptero sobrevuela.
La tripulación observa.
Ellos ven al hombre.
¡Lo rescatan!

patín de
aterrizaje

El helicóptero aterriza
con el patín de aterrizaje.

Aterriza en un techo.

¡Guau!

Las partes de un helicóptero

¡Échales un vistazo a las partes de un helicóptero!

paletas del rotor

cubo del rotor

rotor antipar

cabina

aleta

parabrisas

cola

patín de aterrizaje

Glosario de fotografías

cabina
El área de un avión, un barco o helicóptero donde se sienta un o una piloto.

paletas del rotor
Las partes largas y planas de un rotor, que giran para levantar un helicóptero.

rescatan
Salvan del peligro.

sobrevuela
Se queda en un lugar en el aire.

tripulación
Un grupo de personas que operan un vehículo.

virar
Hacer que un vehículo se mueva en una dirección particular.

Índice

Para aprender más

Aprender más es tan fácil como contar de 1 a 3.

FACT SURFER

❶ Visita www.factsurfer.com

❷ Escribe "loshelicópteros" en la caja de búsqueda.

❸ Elige tu libro para ver una lista de sitios web.